Ergebnis:

W0196778

 1 0 bis 10 Krötiger   11 bis 20 Modriger

21 bis 30 Fauliger   31 bis 40 Grätiger

 2 0 bis 10 Knubbel-   11 bis 20 Schleim-

21 bis 30 Käse-   31 bis 40 Muffel-

 3 0 bis 10 Drache   11 bis 15 Knödel

16 bis 20 Wurm   21 bis 25 Wurz

Dein Olchi-Name lautet:

_____

_____

© Sonja Och

Erhard Dietl lebt als freier Schriftsteller und Illustrator in München. Er hat über 100 Kinderbücher veröffentlicht, mit großem nationalem und internationalem Erfolg. Seine Bücher wurden mehrfach ausgezeichnet. Zu seinen erfolgreichsten Figuren gehören die anarchischen Olchis, die sogar Büchermuffel zum Lesen und Lachen bringen.

Erhard Dietl

Die Olchis werden Fußballmeister

Bearbeitet von Anne Scheller

Verlag Friedrich Oetinger · Hamburg

Inhalt

1. Fußball zum Essen   8

2. Olchiges Training   18

3. Das Spiel beginnt   26

4. Olchi-Opas Schlammschlacht   38

5. Die Siegesfeier   48

Lösungen   57

Hallo Olchi-Fan!

In diesem krötigen Buch
darfst du nicht nur lesen,
sondern auch zählen, rätseln
und rechnen!

Schreibe alle Ergebnisse
in diese Lücken: _____

Manche Lücken sehen auch so aus:
Sammle alle diese stinkig-grünen Zahlen
und löse damit das große Olchi-Rätsel
am Schluss!

Oben auf jeder Seite malst du
ein Stück vom Olchi-Balken aus.
Dann weißt du immer,
wie viel du schon geschafft hast.

Sind dir die Aufgaben leicht
oder schwer gefallen?
Male den Olchis am Kapitel-Ende
ein passendes Gesicht.

**Los geht's
mit dem olchigen Rechenspaß!**

1. **Fußball zum Essen**

Olchi-Opa hat es sich
vor der Olchi-Höhle gemütlich gemacht.
Sanfter Wind weht
über die Schmuddelfinger Müllkippe.

3 fette Kröten quaken und
11 kleine Mäuse spielen Verstecken.
Um Olchi-Opas Kopf summen 21 Fliegen.
30 Ameisen trippeln über
einen rostigen Eimer.

Mit seinen Hörhörnern
hört Olchi-Opa das ganz genau.

Zufrieden dichtet Olchi-Opa:

„Ich liege da und freue mich,
das Leben ist doch königlich!
Die Tiere treiben krötige Spiele,
als wären es doppelt so viele."

Verdopple alle Zahlen aus dem Text
und schreibe sie auf den Zettel.

Plötzlich ertönt lautes Geschrei.
Die Olchi-Kinder streiten sich
um einen alten Fußball.

„Das gehört mir.
Es hat so schön schlammige Flecken!",
sagt das eine Olchi-Kind.
„Gib endlich her!",
ruft das andere Olchi-Kind.
„Ich will es essen!"

Im Bild sieht man zwei der drei Formen
Dreieck, Viereck, Fünfeck. Sieh genau hin!
Welche fehlt?

„Muffel-Furz-Teufel, hört auf!", ruft Olchi-Opa.
„Das ist ein Fußball!
Den soll man nicht essen.
Damit kann man spielen!
Erst muss aber mehr Luft hinein."

Olchi-Opa pustet ganz oft in den Ball.
Dabei zählt er im Kopf mit:
Erst 3 plus 5,
dann holt er tief Luft
und zählt noch einmal bis 10.
Nach insgesamt   -mal
pusten und zählen
ist der Ball ganz prall.

Olchi-Opa kickt den Fußball in die Luft.
Der Ball fliegt hoch und immer höher.
Es dauert fast 17 minus 15 Minuten
und dann noch eine.
Erst nach _____ Minuten
plumpst der Ball wieder herunter.

Die beiden Olchi-Kinder und Olchi-Mama
stehen mit offenem Mund da.

„Grätenfurz, da staunt ihr, was?",
sagt Olchi-Opa.
„Vor 99 minus 3 Jahren
war ich selbst Fußballspieler."

„Aha, also vor modrigen ⬡ Jahren",
rechnet Olchi-Mama aus.

„Schleime-Schlamm und Käsefuß!",
sagt Olchi-Opa.
„Ich muss euch das mal genauer erklären.
Beim Fußball schießt man einen Ball
mit den Füßen in das Tor."

„Windiger Hühnerfurz!",
ruft das eine Olchi-Kind.
„Wir können ganz viele Bälle
in so ein Tor schießen."

Mindestens 60 + 39!

Das wären dann ⬛ Bälle!

14

Das andere Olchi-Kind sagt:
„Die Bälle sehen ja kein bisschen olchig aus.
Wir malen sie an:
Die größte Zahl **matschbraun**
und die kleinste **schlammgrün**.
Ungerade Zahlen malen wir **ofenloch-schwarz.**
Alle Zehner werden **giftgelb**.“

Hilf den Olchi-Kindern beim Malen.

„Mir ist das zu kompliziert",
sagt Olchi-Oma.

„Und ich hätte das runde Ding lieber gekocht,
beim ranzigen Spülschwamm!",
sagt Olchi-Mama.
Sie haut mit einem Hammer
auf den Fußball.

Der Ball hüpft los, immer drei Meter weiter.
Er landet nach ▮▮▮ Metern
genau in der Olchi-Höhle.
„Tooor!", ruft Olchi-Opa.

Mini-Spiel

Verbinde die Zahlen.
Starte bei der grünen 0.
Gehe von dort immer zu der Zahl,
die um 5 größer ist.
Dann siehst du,
was die Olchis beim Fußball gewinnen wollen.

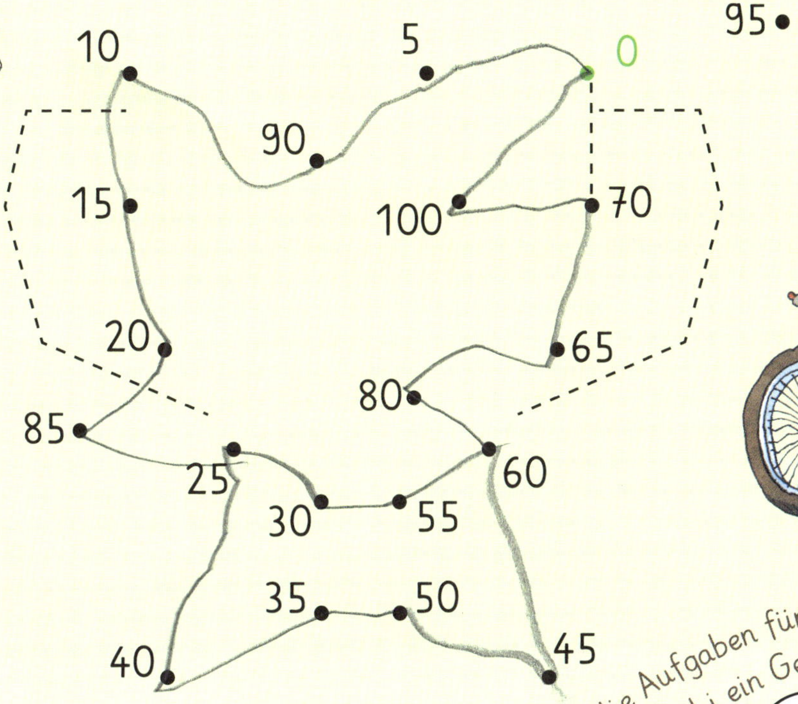

95

10   5   0

90

15   100   70

20   65

85   80

25   60

30   55

35   50

40   45

Wie waren die Aufgaben für dich?
Male dem Olchi ein Gesicht.

Tipp: Du brauchst nicht alle Zahlen.

2. Olchiges Training

Da hat Olchi-Opa eine Idee:
„Schleimiger Schlammlappen!
Wir spielen Fußball
gegen den 1. FC Schmuddelfing!"

„Dafür bin ich viel zu alt", raunzt Olchi-Oma.

„Du bist gerade mal 9   Jahre",
erwidert Olchi-Opa.
„Das ist doch nur ein kurzer Furz!"

$$\underline{1} + 30 + 1003 + 300 + 204 =$$

Olchi-Opa und Olchi-Oma haben fünf
Zahlen versteckt. Sieh dir die beiden Olchis
ganz genau an, dann findest du sie.

Rechne alle fünf Zahlen zusammen.

„Na gut", sagt Olchi-Oma.
„Dann brauchen wir aber auch richtige Trikots."
Sie näht sie aus alten Müllsäcken:
für Olchi-Mama, Olchi-Papa,
Olchi-Opa, sich selbst
und die beiden Olchi-Kinder.
Sie braucht _____ Müllsäcke.

Nun üben die Olchis.
Die Höhle ist das Tor,
Olchi-Mama die Torhüterin.
Die anderen Olchis schießen.

Olchi-Mama fängt alle Bälle:
10 von Olchi-Opa,
13 von Olchi-Papa
und 12 von einem Olchi-Kind.
„ Bälle gefangen!", jubelt Olchi-Opa.
„Du bist wirklich oberolchig!"

Das Olchi-Baby sieht zu
und futtert Fischgräten.

Es futtert doppelt so viele Fischgräten,
wie man im Bild sehen kann:

insgesamt _____ Stück.

„Und jetzt Fitness-Training", erklärt Olchi-Opa.
„Fußballer müssen gut in Form sein!"

Die Olchi-Kinder üben Kniebeugen.

Das eine Olchi-Kind schafft

_____ _____ _____   Kniebeugen.

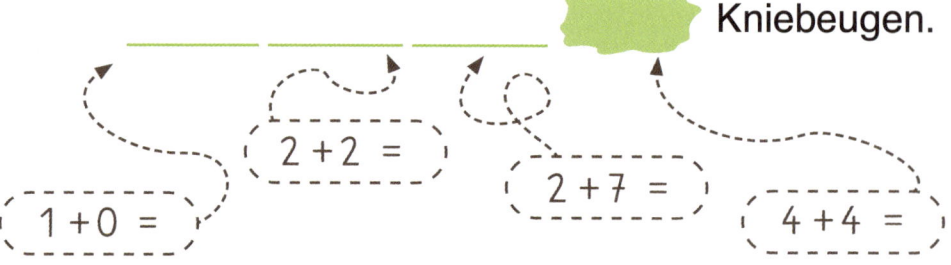

$2 + 2 =$

$2 + 7 =$

$1 + 0 =$

$4 + 4 =$

Das andere Olchi-Kind schafft

Kniebeugen.

$12 - 6 =$

$5 - 3 =$

$11 - 7 =$

$4 - 3 =$

22

Olchi-Opa und Olchi-Papa hüpfen
über den Müllplatz.
„Das ist gut für die Gelenkigkeit!",
ruft Olchi-Papa.

Die Olchis hüpfen immer zu den benachbarten Zehnern.
Schreibe die richtigen Zahlen in die Pfützen und an die Pfeile.

Endlich ist es so weit:
Die Olchis wollen zu ihrem ersten Spiel.
Alle klettern auf Feuerstuhl,
den Flug-Drachen.
Er ist giftgrün
und hat auf beiden Seiten
gleich viele schleimgrüne Flecken,
also insgesamt   Flecken.

Auf dem Flug singen sie:
„Wir sind die Olchi-Fußballstars,
wir kicken Bälle bis zum Mars!
Zicke, Zacke, Besenstiel,
wir gewinnen jedes Spiel!"

Mini-Spiel

Feuerstuhl fliegt zum Fußballplatz.
Welchen Weg soll er nehmen?
Er sammelt die Zahlen von 1 bis 10
in der richtigen Reihenfolge ein.

Start

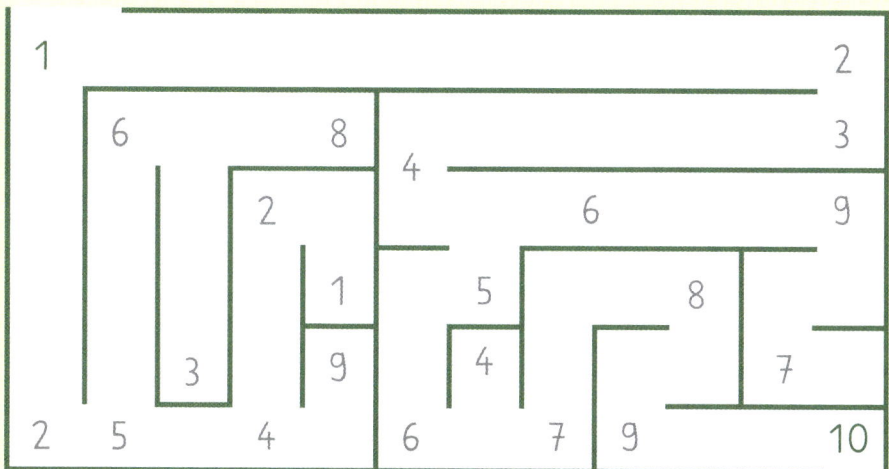

Wie waren die Aufgaben für dich?
Male dem Olchi ein Gesicht.

Ziel

3. Das Spiel beginnt

Die Schmuddelfinger Spieler warten schon
auf dem Fußballplatz.

„Hm", überlegt Olchi-Opa,
„wir haben ____ Spieler.
Die andere Mannschaft
hat aber 22 Spieler.
Das ist ungerecht.
So werden wir gleich viele: _____ Fußballer
der anderen spielen nicht mit."

Einer der Ersatzspieler
macht den Schiedsrichter.
Die restlichen Schmuddelfinger
sehen von der Bank aus zu.
Auf dem Spielfeld stehen ___ Personen.
Endlich kann es losgehen!

Toni Trappa, der Schmuddelfinger Trainer, sagt:
„Wir spielen eine Dreiviertelstunde.
Das sind ____ oder $10 + 5 + 30$ Minuten."
Dann pfeift er das Spiel an.

Stürmer Ranoldo rast sofort
an den Olchis vorbei und schießt.
„Tooor!", jubelt er.

Nun ist das eine Olchi-Kind am Ball.
Es kickt mit voller Wucht.
Der Ball segelt 18 Meter übers Fußballfeld
und kullert nach 7 Metern hinter einen Busch.

Nach insgesamt ⬚ Metern ist
der Ball verschwunden.

29

 Auch die anderen Olchis donnern
stinkig stark gegen die Bälle.
Bald sind sechs Bälle verschossen
und sieben Bälle zerstört.

„Wir haben nur 30 Bälle",
ruft Toni Trappa.
 „_____ sind noch übrig."

Olchi-Opa kennt als einziger Olchi
die Regeln.
„Nicht mit _____ = 15 spielen!
Nur gegen den _____ = 30 treten!",
ruft er.

 = 50 − 10 = _____

 = 3 + 4 + 5 = _____

= 40 − 10 = _____

= 4 + 5 + 6 = _____

Rechne die Aufgaben in der Blase.
Schreibe die passenden Wörter in die Lücken in
der Geschichte.

31

Doch Olchi-Papa will nicht hören.
Er schleudert den Ball
mit der Hand ins Tor.
„Grätenfurz, das Netz ist zerfetzt!",
ruft er.
Dafür bekommt er die rote Karte,
aber das ist ihm pups-egal.
Er zählt sowieso viel lieber.

Wie viele Rechtecke kann Olchi-Papa
im grünen Stück Netz entdecken?

Tipp: Du kannst aus den kleinen Rechtecken verschiedene größere zusammensetzen.

Nun wird es wild.

Olchi-Oma tritt Ranoldo gegen das Schienbein.

Der Schiedsrichter pfeift schrill.

Das mögen die Olchi-Kinder gar nicht.

Das eine futtert die Pfeife auf,

das andere den Schuh von Spieler Willi.

Noch drei rote Karten!

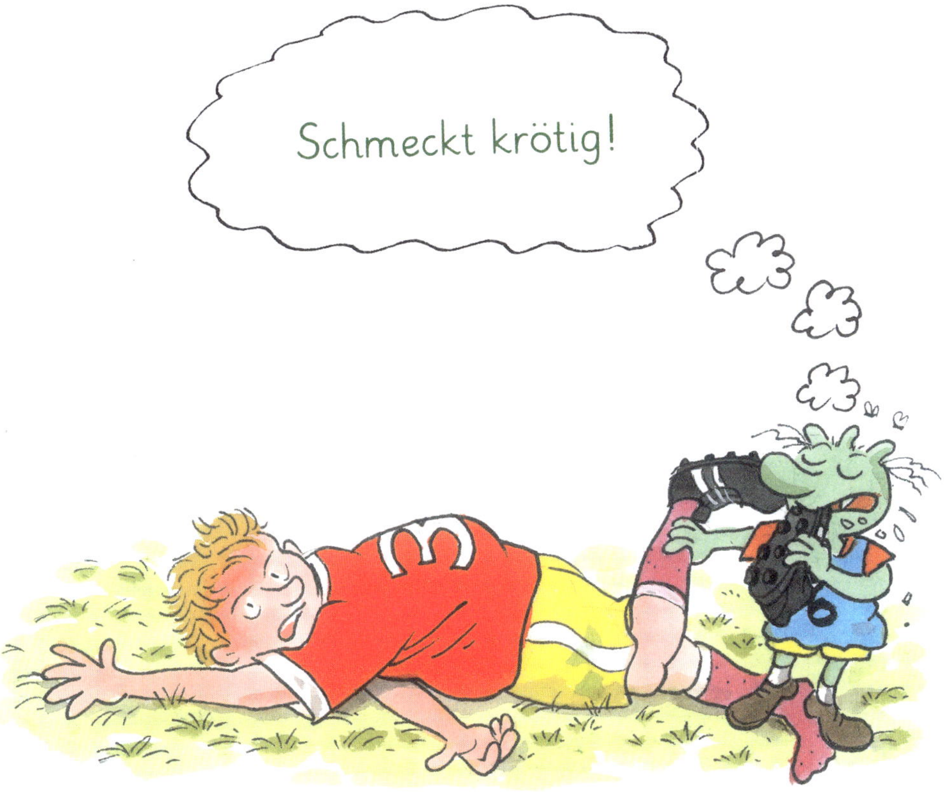

Schmeckt krötig!

Die Olchi-Kinder dürfen nicht mehr mitmachen.
Sie warten am Spielfeldrand.
Dort steht ein olchiger Abfalleimer.
„Schleime-Schlamm und Käsefuß,
wir spielen mit Müll!", rufen sie.

$$\text{(Schuh)} - \text{(Bananenschale)} = \underline{\qquad\qquad}$$

$$\text{(Fischgräte)} + \text{(Dose)} = \underline{\qquad\qquad}$$

$$\text{(Bananenschale)} + \text{(Socke)} + \text{(Socke)} = $$

Die Schmuddelfinger führen haushoch.
Olchi-Opa muss nun allein spielen,
mit Olchi-Mama im Tor.
„Muffelfurz! Weitermachen! Wär doch gelacht!",
ruft Olchi-Mama.
Und Olchi-Opa sagt:
„Wir geben niemals auf!"

In Olchi-Mamas Ausruf verstecken sich drei Zahlen-Wörter.
Eins ist schon braun eingefärbt. Findest du die anderen beiden?

   2   _____

Tipp: Du findest die Zahlen im ersten und letzten Wort.

Mini-Spiel

Lies die Hinweise
und finde die gesuchte Zahl:

Im Fußballspiel steht es jetzt _____ : 0!

Es ist eine ungerade Zahl.

Sie ist kleiner als 66.

Sie ist größer als 10.

Sie kommt nicht im Einmaleins vor.

50	5	6	81	49
21	13	15	10	67
88	63	78	45	24
90	99	38	3	9
73	1	25	14	100

Wie waren die Aufgaben für dich?
Male dem Olchi ein Gesicht.

4. Olchi-Opas Schlammschlacht

Plötzlich fängt es an zu regnen.
Die Schmuddelfinger mögen das gar nicht,
doch Olchi-Opa findet es sehr olchig.
Endlich Schlamm und Matsch!

Schon schnappt sich Olchi-Opa den Ball
und dribbelt an den Schmuddelfingern vorbei.
Nun will er den Torwart ablenken.
Dafür schreibt er Aufgaben in die Pfützen.

Rechne Olchi-Opas Aufgaben.
Immer zwei Aufgaben gehören zusammen.
Male sie in der gleichen Farbe an.

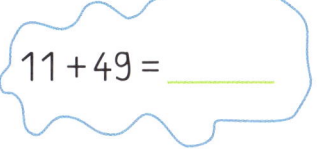

$34 + 60 =$ _____

$11 + 49 =$ _____

$72 - 4 =$ _____

$100 - 6 =$ _____

$67 - 7 =$ _____

$60 + 8 =$

Mit voller Wucht knallt Olchi-Opa den Ball
in die rechte obere Tor-Ecke.
„Tooor!", jubeln die Olchis am Spielfeldrand.

Feuerstuhl tritt vor Freude
Rasenstücke los.
„Die Stücke haben ja Formen!",
rufen die Olchi-Kinder.

Zähle die Formen und
schreibe die Ergebnisse auf.

Auf dem matschigen Boden rutschen
die Schmuddelfinger immer wieder aus.

Aber Olchi-Opa saust dem Ball
nur so hinterher.
Er fühlt sich mindestens
$40 + 60 - 5 =$ ___ Jahre jünger!

Und dann schießt er!
Der Ball fliegt geradeaus,
prallt gegen einen Baum,
danach gegen Feuerstuhl,
gegen Toni Trappa
und den Torpfosten.
Nach insgesamt _____ Metern
landet er endlich
im Tor.

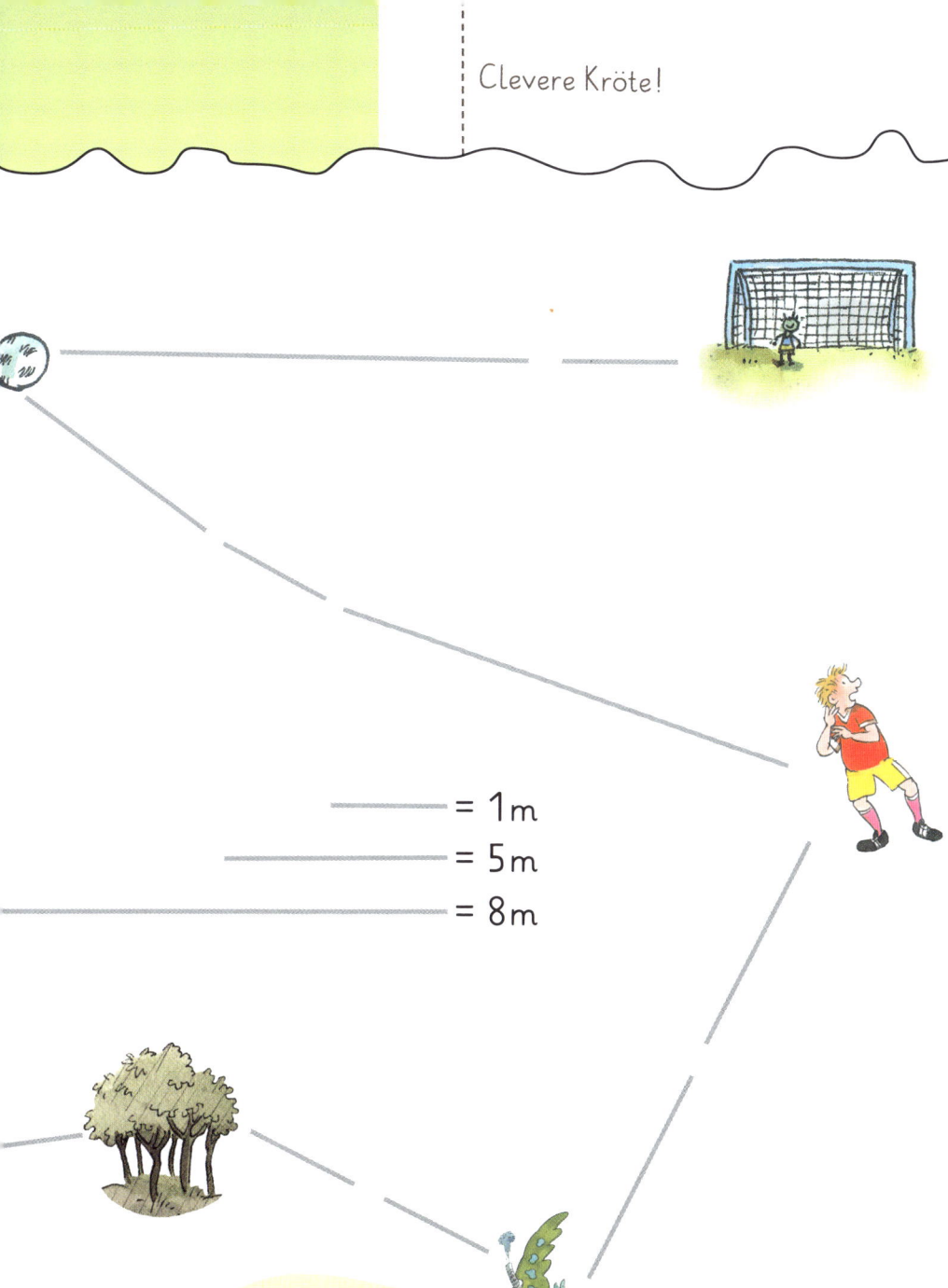

Clevere Kröte!

= 1m
= 5m
= 8m

Rechne die Teilstücke zusammen.

Die Schmuddelfinger schießen noch
$100 - 80 - 20 =$ _____ Tore.
Aber Olchi-Opa donnert
einen Ball nach dem anderen ins Netz.
Nun steht es $13 : 13$. Gleichstand!

Der Schmuddelfinger Torwart
wirft sich gar nicht mehr zum Ball.
Er hat Angst vor Olchi-Opas Schüssen.
Davon hat er jede Menge blaue Flecken!

Der Torwart überlegt:
Beim zweiten Tor der Olchis hat er
den Ball abbekommen und danach auch
bei jedem zweiten Tor.
Also hat er schon _____ blaue Flecken!

Auch das letzte Tor kann der Torwart
nicht verhindern.
Es steht 14 : 13 für die Olchis!
Sie haben gewonnen!

Die Olchis jubeln.
Olchi-Opa bekommt viele dicke Schmatzer
auf die Knubbelnase:
von Olchi-Oma einen
für jedes Tor der Olchis
(das sind _____ Küsse).
Von Olchi-Mama einen
für jedes ihrer Hörhörner
(das sind _____ Küsse).

Insgesamt _____ Küsse …
einfach oberolchig!

Mini-Spiel

Im Fußballspiel gab es viele Tore.
Mit Zahlen kennen sich die Olchis
jetzt also aus!
Du auch?
Schreibe die Zahlen als Wörter in das Rätsel.

Wie waren die Aufgaben für dich?
Male dem Olchi ein Gesicht.

3 ↓
D
R
E
I

6 ↓

40 →

8 ↓   C   12 ↓

18 →   9 ↓

15 →

5. Die Siegesfeier

Die Olchis schmeißen eine große Siegesfeier
auf der Müllkippe.
Die Schmuddelfinger sind dabei.
Alle sehen sich neugierig um.

„Fein habt ihr's hier", sagt Ranoldo,
aber er rümpft die Nase
über den olchigen Geruch.

„Wir mögen Schmutz
und alte Sachen",
erzählt Olchi-Papa.
„Ich habe sogar einen Lieblings-Müll.
Er ist schwarz-weiß und
das Runde ist im Eckigen.
Genau wie beim Fußball.
Siehst du, welchen Schrott ich meine?"

„Jetzt gibt es etwas gegen den Durst!",
ruft Olchi-Opa.
„Probiert mal unseren Siegestrunk!"

Toni Trappa schnuppert
an dem olchigen Gebräu.
„Was ist denn da drin?",
will er wissen.

„Ich hole das Rezept", sagt Olchi-Mama.

Siegestrunk

20 Glasscherben

___ Fischgräten

___ Knochen

1 Löffel Schuppenwurz

8 Löffel Schmuddelbrühe

___ Löffel beuliger Borstenstampf

___ Flaschen Ätze

___ Spritzer Fahrradöl

Man braucht halb so viele  wie
und 3 • 3 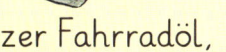,
genauso viele Löffel beuligen Borstenstampf
wie Schmuddelbrühe,
doppelt so viele  Ätze
und so viele Spritzer Fahrradöl,
wie ich Hörhörner habe.

Die Schmuddelfinger Spieler müssen
ganz plötzlich nach Hause.

Die Olchis sind wieder alleine
auf der Müllkippe.

„Grindiger Stinkstiefel,
was für eine Feier!",
sagt Olchi-Opa glücklich.
Das eine Olchi-Kind verlangt:
„Jetzt müssen wir noch singen!"

Und das tun sie, laut und olchig.
_____ Fliegen surren dazu
mit ihren _____ Flügeln.

Zähle die Fliegen im Olchi-Bild.
Jede hat zwei Flügel.
Wie viele Flügel sind das?

„Wir sind die Olchi-Fußballstars,
wir kicken Bälle bis zum Mars!
Zicke, Zacke, Scheibenkleister,
die Olchis sind jetzt Fußballmeister!"

Welcher Olchi bist du?

Welche Antwort passt am besten zu dir?
Male immer den passenden Schlammfleck an.

1. Mit wem spielst du am liebsten?

3 Spielen? Ich liege viel lieber auf meinem Müllbett.

7 Mit meinen olchigen Freunden.

11 Ganz egal, Hauptsache spielen!

2. Was ist dein Lieblingstier?

9 Ich mag alle Tiere.

8 Feuerstuhl! Der macht mit Feuer das Essen heiß.

4 Hüpfende Flöhe, weil sie so sportlich sind.

3. Was isst du gern?

10 Alles, was ich mit meiner Familie essen kann.

15 Alles, was Feuerstuhl auch gern frisst.

1 Alles, was man im Liegen essen kann.

4. Was machst du gern in deiner Freizeit?

13 Spielen!

7 Ausruhen, olchig chillen.

6 Freizeit? Welche Freizeit?

Mini-Spiel

Rechne nun deine Zahlen zusammen.
Lies beim richtigen Ergebnis nach.

Ergebnis 0 bis 20   DU BIST OLCHI-OPA

Du bist sportlich und super im Schrott-Fußball, Dosenwerfen
und Müllklettern. Aber du machst es dir auch gern gemütlich,
am liebsten zwischen fleckigen Kissen und kaputten
Kuscheltieren.

Ergebnis 21 bis 35   DU BIST OLCHI-MAMA

Du bist ein Schleckermaul und futterst gern Stinkerkäse,
Schleimbrühe, Nagelsuppe und andere Spezialitäten.
Außerdem bist du sehr nett und kümmerst dich gut um deine
Mit-Olchis.

Ergebnis 36 bis 50   DU BIST EIN OLCHI-KIND

Du spielst gern, zum Beispiel mit alten Dosen und anderem
Schrott. Du magst Tiere wie Fliegen, Ameisen, Kröten und den
Drachen Feuerstuhl.

Krötig gesammelt!

Auf vielen Seiten im Buch
hast du solche Zahlen gesammelt:
Male hier alle Felder
mit Sammelzahlen an.
Ob kunterbunt oder olchigrün,
das ist egal!

DUW BLINST

18 99 76
66 7
22 96 20 13

FESCHTY

81 8 14
59 10 19
35

ZOBAER-

72
100 16 25 17 9 57

MOLCHIEG

3 6
11 68 95 4 24
70

Lösungen

Kapitel 1

Seiten 8 bis 9:
3 + 3 = 6 Kröten, 11 + 11 = 22 Mäuse, 21 + 21 = 42 Fliegen, 30 + 30 = 60 Ameisen

Seite 10:
Es gibt im Bild kein Viereck.

Seite 11:
3 + 5 + 10 = 18

Seite 12:
17 − 15 = 2, 2 + 1 = 3 ➋ 3 Minuten

Seite 13:
99 − 3 = 96

Seite 14:
60 + 39 = 99

Seite 15:

Seite 16:
Nach 13 Metern landet der Ball in der Olchi-Höhle.

Seite 17:

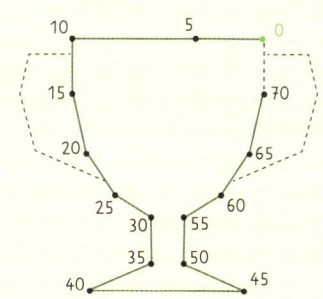

Kapitel 2

Seiten 18 bis 19:
$4 + 6 + 60 + 4 + 2 = 76$
Olchi-Oma ist **976** Jahre alt.

Seite 19:
Für 6 Olchis braucht Olchi-Oma 6 Müllsäcke.

Seite 20:
$10 + 13 + 12 = 35$

Seite 21:
Im Bild sind 4 Fischgräten. $4 + 4 = 8$

Seite 22:
$1 + 0 = 1, 2 + 2 = 4, 2 + 7 = 9, 4 + 4 = 8$. Das eine Olchi-Kind schafft **1498** Kniebeugen.
$4 - 3 = 1, 12 - 6 = 6, 11 - 7 = 4, 5 - 3 = 2$. Das andere schafft **1642** Kniebeugen.

Seite 23:

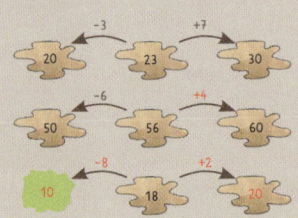

Seite 24:

$7 + 7 = 14$

Seite 25:

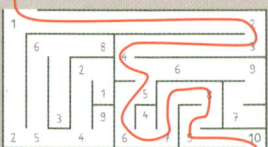

Kapitel 3

Seite 26 :
Es sind 22 Schmuddelfinger und 6 Olchis. $22 - 6 = 16$

Seite 27:
Es sind 6 Spieler in jeder Mannschaft und 1 Schiedsrichter. $6 + 6 + 1 = 13$

Seite 28:
$10 + 5 + 30 = 45$

Seite 29:
$18 + 7 = 25$

Seite 30:
$30 - 6 - 7 = 17$

Seite 31:

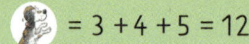 $= 3 + 4 + 5 = 12$ 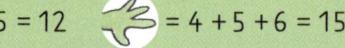 $= 4 + 5 + 6 = 15$

Nicht mit Hand (=15) spielen!

$= 50 - 10 = 40$ $= 40 - 10 = 30$

Nur gegen den Ball (= 30) treten!